Edition Schott

Ottorino Respighi
1879–1936

Scherzo

in Mi minore per quartetto d'archi
a cura di Emy Bernecoli ed Elia Andrea Corazza

in e minor for string quartet
edited by Emy Bernecoli and Elia Andrea Corazza

in e-Moll für Streichquartett
herausgegeben von Emy Bernecoli und Elia Andrea Corazza

P 191 (1898)

Partitura e parti
Score and parts
Partitur und Stimmen

ED 23356
ISMN 979-0-001-21183-3

www.schott-music.com

Mainz · London · Madrid · Paris · New York · Tokyo · Beijing
© 2020 Schott Music GmbH & Co. KG, Mainz · Printed in Germany

Prefazione

Questa è la prima edizione dello *Scherzo per quartetto d'archi* (P191). Il materiale si trova nella Biblioteca e Museo della Musica di Bologna (Italia) (MS.RESPIGHI.20.2) ed è composto di quattro parti staccate (violino I, violino II, viola e violoncello). Elsa Respighi, moglie di Ottorino Respighi, ne attribuì la paternità al marito, affidandone la catalogazione a Potito Pedarra.

Le parti sono prive di datazione e sono redatte da un copista anonimo. I contenuti musicali fanno presumere si tratti di un'opera giovanile, forse un compito scolastico e contrappuntistico del compositore bolognese allorché studente presso il Conservatorio di Bologna. La parte centrale è infatti caratterizzata da un canone all'ottava tra violino I (dux) e viola (comes), a distanza di un quarto. Evidenti errori di copiatura delle parti sono stati emendati in questa edizione.

Emy Bernecoli ed Elia Andrea Corazza, 2016

Preface

This is the first edition of the *Scherzo per quartetto d'archi* (P191). The source materials are located at the Biblioteca e Museo della Musica di Bologna (Italy) (MS.RESPIGHI.20.2) and are constituted by the four string parts without any score (first violin, second violin, viola and cello). Elsa Respighi, wife of Ottorino Respighi, attributed the authorship of this piece to her husband, entrusting Potito Pedarra, Respighi's cataloguer, its cataloguing.

The parts are undated and are written by an anonymous copyist. The musical contents suggest that this is a juvenile composition of the composer while student at the Bologna Conservatory. The central part of the Scherzo consists of a canon at the octave between the first violin (dux) and the viola (comes) at the distance of a quarter note. Obvious errors made by the copyist have been amended in this edition.

Emy Bernecoli and Elia Andrea Corazza, 2016

Vorwort

Die vorliegende Ausgabe ist die erste Veröffentlichung des *Scherzo per quartetto d'archi* (P191). Das Quellenmaterial befindet sich in der Biblioteca e Museo della Musica di Bologna (Italien) (MS. RESPIGHI.20.2) und besteht nur aus den vier Streicherstimmen (erste Violine, zweite Violine, Viola und Violoncello) – eine Partitur liegt nicht vor. Elsa Respighi, die Ehefrau von Ottorino Respighi, schrieb die Urheberschaft dieses Stückes ihrem Ehemann zu und beauftragte Potito Pedarra, der die Katalogisierung der Werke Respighis verantwortete, das Scherzo in das Werkverzeichnis des Komponisten aufzunehmen. Die Stimmen sind undatiert und wurden von einem anonymen Kopisten geschrieben. Der musikalische Inhalt lässt vermuten, dass es sich um eine Jugendkomposition Respighis während seines Studiums am Konservatorium von Bologna handelt. Der Mittelteil des Scherzos besteht aus einem Kanon in der Oktave zwischen der ersten Violine (dux) und der Viola (comes) im Abstand einer Viertelnote. Offensichtliche Fehler des Kopisten sind in dieser Ausgabe korrigiert worden.

Emy Bernecoli und Elia Andrea Corazza, 2016
(Übersetzung: Paul Schäffer)

Annotazioni critiche

bb. 2, 4, Vla: aggiunto *diminuendo* in accordo alla dinamica complessiva.

bb. 5-7, Vl II: aggiunte dinamiche in accordo alla dinamica complessiva.

b. 7, Vc: aggiunto *sf* in accordo alla dinamica complessiva.

b. 8, Vc: aggiunto *fp, cresc.* (ecc.) come da figurazione musicale.

b. 10, Vc: aggiunto *p*, come da figurazione musicale ripetuta.

b. 11, Vl I: aggiunto *crescendo*, come da b. 9.

b. 11, Vc: completate le dinamiche in accordo alla dinamica complessiva.

bb. 12-15, Vl II: uniformate le dinamiche in accordo alla dinamica complessiva.

b. 15, Vc.: aggiunto *p* come da b. 1.

b. 16 e sgg, Vl II: aggiunte le dinamiche come Vl I.

b. 16 e sgg, Vla, Vc: esplicitate le dinamiche.

b. 17, Vla: corrette le prime due note: non Mib-Fa, ma: La-Sib.

b. 19, Vl, Vl II, Vla, Vc: uniformate le dinamiche all'intero quartetto.

b. 19, 23, 27, Vla: corrette le note ribattute: non Sol-Si, ma: La-Do.

b. 18, Vla: aggiunto Sib e Fa bequadro, possibili errori del copista.
           Terza nota emendata on Sib (al posto del La).

b. 20, Vl I, Vl II: aggiunta dinamica *f* come da b. 24.

b. 21 e sgg. Vl II: aggiunte arcate come da Vl I.

bb. 21-22, Vl: aggiunte arcate come da Vl I.

b. 22, Vl, Vl II, Vla, Vc: aggiunta dinamica *f* come culmine del *cresc.*

b. 23: uniformate le arcate come a b. 19.

bb. 27-28, Vla, Vc: esplicitate le dinamiche.

bb. 29-30, Vc: aggiunto *cresc.* e *f* in accordo alla dinamica complessiva.

b. 40, Vl I: corretto *fff* in *ff*.

b. 40, Vl II, Vla, Vc: esplicitata la dinamica del pizz. *ff*.

b. 42, Vc: esplicitato arco, dimenticanza del copista.

bb. 44-46, Vl I, Vl II, Vla, Vc: esplicitato arco, dimenticanza del copista.

bb. 45-46, Vl II: aggiunte dinamiche come da parte Vc.

b. 46, Vla: aggiunto *f* come da tema Vl I.

b. 53, Vl II, Vla, Vc: aggiunta dinamica *dim.* come da Vl I.

b. 55, Vl. II: corretta nota errata La con Sol.

bb. 56, 58, 59, Vc: emendato il Do bemolle con Do bequadro, evidente errore del copista

b. 56, Vc: corretto Mi bequadro con Mi bemolle, evidente errore del copista

b. 56, Vl II, Vla, Vc.: aggiunta dinamica *f* come da Vl I.

b. 58, Vl I: corretto mi naturale con Mi bemolle, in accordo con l'armonia e la figurazione
           anonica della viola.

b. 62, Vl I, Vl II, Vla, Vc: aggiunta dinamica *mp* per permettere il *cresc.* di bb. 63-64.

b. 71-72: Vla manca una battuta tra battuta 71 e 72. Ricopiato come da inizio.

b. 72 Vl II: emendato il Fa con Sol come da b. 51.

b. 74, Vl II, Vla, Vc.: aggiunto *dim.* in accordo al Vl I.

b. 75, Vl I: eliminata battuta erroneamente raddoppiata dal copista.

Critical Annotations

bb. 2, 4, Vla: added following the overall dynamic.

bb. 5-7, Vl II: added missing dynamics.

b. 7, Vc: added *sf* following the overall dynamic.

b. 8, Vc: added *fp*, . (etc.) following previous markings.

b. 10, Vc: added *p*, following adjacent markings.

b. 11, Vl I: added , as in b. 9.

b. 11, Vc: added missing dynamics.

bb. 12-15, Vl II: added dynamics following the overall color.

b. 15, Vc.: added *p* as in b. 1.

b. 16 and ff., Vl II: added dynamic following the first Vl.

b. 16 and ff., Vla, Vc: added missing dynamics.

b. 17, Vla: amended the two first notes: not E flat-F, but A-B flat.

b. 19, Vl, Vl II, Vla, Vc: amended dynamics.

b. 19, 23, 27, Vla: amended repeated notes: not G-B, but A-C.

b. 18, Vla: added B flat and F natural, as copyist's errors.

b. 20, Vl I, Vl II: added *f* as in b. 24.

b. 21 and ff. Vl II: added bowings as in the first violin part.

bb. 21-22, Vl: added bowings as in the first violin part.

b. 22, Vl, Vl II, Vla, Vc: added *f* as climax.

b. 23: corrected bowings as in b. 19.

bb. 27-28, Vla, Vc: made clear the dynamics.

bb. 29-30, Vc: added . and *f* as the overall dynamic.

b. 40, Vl I: corrected *fff* in *ff*.

b. 40, Vl II, Vla, Vc: made clear the dynamic of the pizz.: *ff*.

b. 42, Vc: added arco, copyist's error.

bb. 44-46, Vl I, Vl II, Vla, Vc: added arco, copyist's error.

bb. 45-46, Vl II: added dynamics following the cello part.

b. 46, Vla: added *f* following the first violin thematic element.

b. 53, Vl II, Vla, Vc: added . as in the first violin.

b. 55, Vl. II: amended wrong note A with correct G.

bb. 56, 58, 59, Vc: corrected C flat with C natural, copyist's error.

b. 56, Vc: amended E natural with E flat, copyist's error.

b. 56, Vl II, Vla, Vc.: added *f* as in the first violin part.

b. 58, Vl I: amended E natural with E flat, following the canon with the Viola.

b. 62, Vl I, Vl II, Vla, Vc: added *mp* in order to allow the cresc. at bb. 63-64.

b. 71-72: added missing bar between bb. 71 and 72. Amended following the beginning.

b. 72 Vl II: corrected F with G as in b. 51.

b. 74, Vl II, Vla, Vc.: added as in the first violin part.

b. 75, Vl I: deleted extra bar wrongly copied two times by the copyist.

Scherzo

Ottorino Respighi
1879–1936

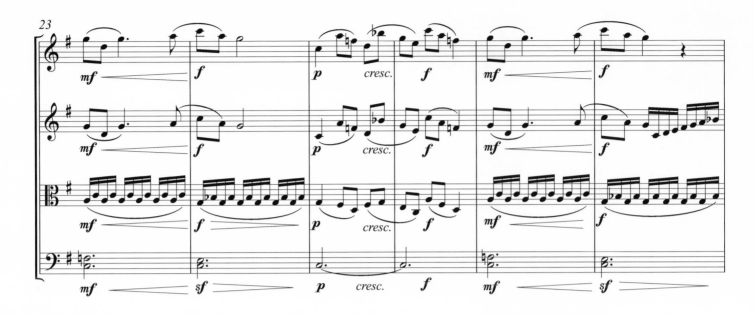

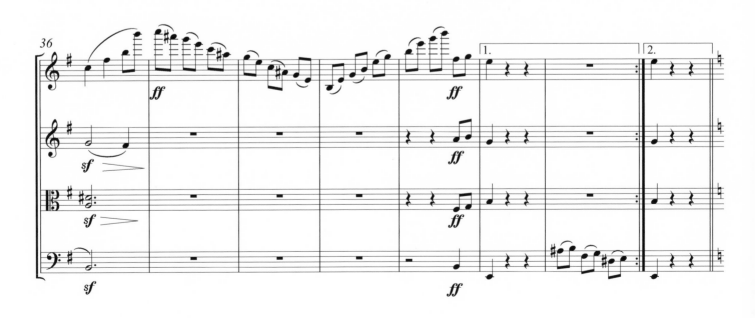

Scherzo da capo
senza ripetizione

Edition Schott

Ottorino Respighi
1879–1936

Scherzo

in Mi minore per quartetto d'archi
a cura di Emy Bernecoli ed Elia Andrea Corazza

in e minor for string quartet
edited by Emy Bernecoli and Elia Andrea Corazza

in e-Moll für Streichquartett
herausgegeben von Emy Bernecoli und Elia Andrea Corazza

P 191 (1898)

Partitura e parti
Score and parts
Partitur und Stimmen

ED 23356
ISMN 979-0-001-21183-3

Violine 1

www.schott-music.com

Mainz · London · Madrid · Paris · New York · Tokyo · Beijing
© 2020 Schott Music GmbH & Co. KG, Mainz · Printed in Germany

Scherzo

Ottorino Respighi
1879–1936

© 2020 Schott Music GmbH & Co. KG, Mainz

Scherzo da capo
senza ripetizione

Schott Music, Mainz 59 830

Edition Schott

Ottorino Respighi
1879–1936

Scherzo

in Mi minore per quartetto d'archi
a cura di Emy Bernecoli ed Elia Andrea Corazza

in e minor for string quartet
edited by Emy Bernecoli and Elia Andrea Corazza

in e-Moll für Streichquartett
herausgegeben von Emy Bernecoli und Elia Andrea Corazza

P 191 (1898)

Partitura e parti
Score and parts
Partitur und Stimmen

ED 23356
ISMN 979-0-001-21183-3

Violine 2

www.schott-music.com

Mainz · London · Madrid · Paris · New York · Tokyo · Beijing
© 2020 Schott Music GmbH & Co. KG, Mainz · Printed in Germany

Scherzo

Ottorino Respighi
1879–1936

Scherzo da capo
senza ripetizione

Schott Music, Mainz 59 830

Ottorino Respighi
1879–1936

Scherzo

in Mi minore per quartetto d'archi
a cura di Emy Bernecoli ed Elia Andrea Corazza

in e minor for string quartet
edited by Emy Bernecoli and Elia Andrea Corazza

in e-Moll für Streichquartett
herausgegeben von Emy Bernecoli und Elia Andrea Corazza

P 191 (1898)

Partitura e parti
Score and parts
Partitur und Stimmen

ED 23356
ISMN 979-0-001-21183-3

Viola

www.schott-music.com

Mainz · London · Madrid · Paris · New York · Tokyo · Beijing
© 2020 Schott Music GmbH & Co. KG, Mainz · Printed in Germany

Scherzo

Ottorino Respighi
1879–1936

© 2020 Schott Music GmbH & Co. KG, Mainz

Scherzo da capo
senza ripetizione

Schott Music, Mainz 59 830

3

Edition Schott

Ottorino Respighi
1879–1936

Scherzo

in Mi minore per quartetto d'archi
a cura di Emy Bernecoli ed Elia Andrea Corazza

in e minor for string quartet
edited by Emy Bernecoli and Elia Andrea Corazza

in e-Moll für Streichquartett
herausgegeben von Emy Bernecoli und Elia Andrea Corazza

P 191 (1898)

Partitura e parti
Score and parts
Partitur und Stimmen

ED 23356
ISMN 979-0-001-21183-3

Violoncello

www.schott-music.com

Mainz · London · Madrid · Paris · New York · Tokyo · Beijing
© 2020 Schott Music GmbH & Co. KG, Mainz · Printed in Germany

Scherzo

Ottorino Respighi
1879–1936

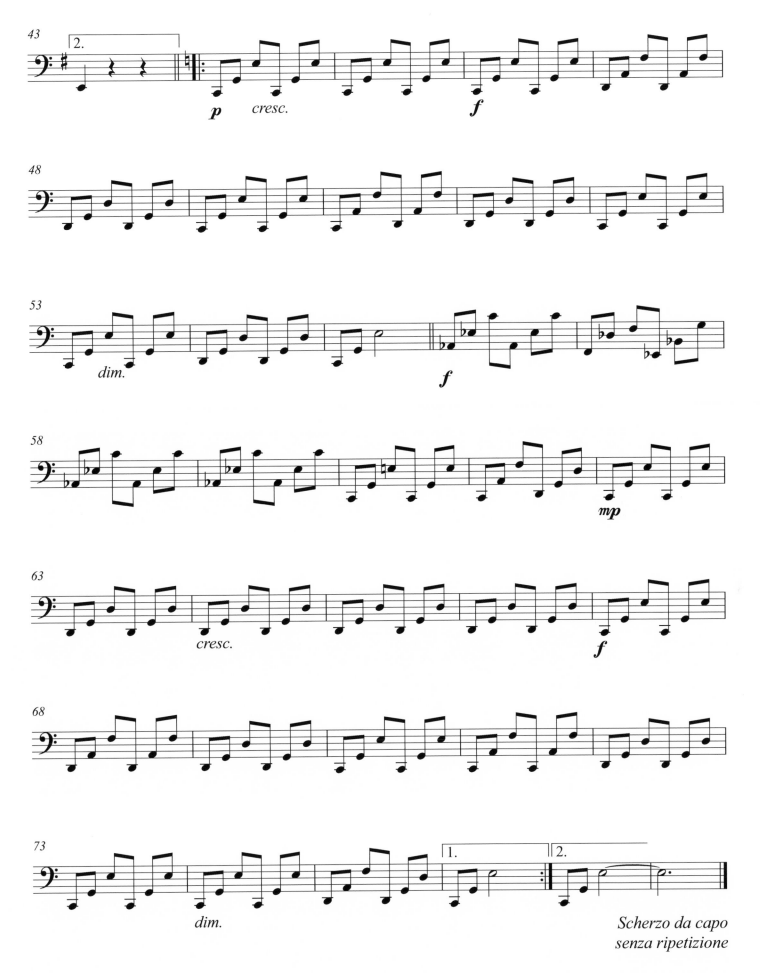

Scherzo da capo
senza ripetizione

Schott Music, Mainz 59 830

3